AF153102

Georg Bauer

Der Weg des Herzens zur inneren Gemeinschaft mit Gott

Georg Bauer

DER WEG DES HERZENS ZUR INNEREN GEMEINSCHAFT MIT GOTT

Der Weg des Herzens zur inneren
Gemeinschaft mit Gott
2. überarb. Aufl. 2024 © Georg Bauer
Erstausgabe 11. Juni 2021
Umschlagbild © Georg Bauer
Alle Rechte vorbehalten
www.georgbauer.info
contact@georgbauer.info

ISBN 978-3-384-31530-4

Druck, Vertrieb & Impressumsservice
im Auftrag des Autors:
tredition GmbH
Heinz-Beusen-Stieg 5
22926 Ahrensburg

INHALT

Für alle Menschen,
die aufrichtig nach Gott suchen.
Mögen sie ihm in ihrem
Herzen begegnen.

EINLEITUNG

Wahrheiten sind schlicht und einfach. Sie kommen ohne viele Worte aus. Auch kann es immer nur eine Wahrheit geben. Das Gegenstück dazu ist die wortreiche Lüge. Auf meinem bisherigen Glaubensweg habe ich etwas Wesentliches herausgefunden. Um zu Gott zu gelangen, braucht es nicht viel. Im Grunde ist dafür nur zweierlei notwendig. Ich muss an Gott glauben. Und ich muss achtsam atmen. Nach biblischer Lehre hat Gott selbst mir nämlich meinen Atem geschenkt (Gen 2,7), weshalb dieser mich allzeit mit seinem Geist verbindet.

Durch willentliches Atmen beruhige ich mein Denken. Und indem ich gleichzeitig an mir und meinen Nächsten achtsam handle, vertiefe ich meine Gelassenheit. Diese bringt dann nach und nach meinen Eigensinn zum Schweigen. Sobald dieser schließlich verstummt, finde ich Gott in der Ruhekammer meines Herzens. Worte sind dafür nicht notwendig. Ganz im Gegenteil: Das meditative Atmen ist mein wortloses Gebet, das mich unwillkürlich zu Gott führt, wenn ich an ihn glaube.

Erster Abschnitt

DIE FREUNDSCHAFT DES HERZENS

1.1 Vom Heilsplan Gottes

Jesus von Nazareth hatte eine tiefe geistige Verbindung zu Gott. Nach christlicher Lehre war diese Beziehung einzigartig, da er Gottes Sohn war. „Glaubt mir doch, dass ich im Vater bin und dass der Vater in mir ist." (Joh 14,11) Jesus hat ganz aus dieser Gemeinschaft mit Gott gelebt. Der Heilige Geist war seine Kraftquelle. „Der Vater, der in mir bleibt, vollbringt seine Werke." (Joh 14,10)

Nun mag Jesu Beziehung zu Gott in ihrem Ausmaß einzigartig gewesen sein. So sagte Jesus von sich selbst: „Wer mich gesehen hat, hat den Vater gesehen." (Joh 14,9) Die Glaubenslehre spricht hier von Wesenseinheit zwischen Vater und Sohn.

Dennoch war diese Verbindung keineswegs einzig dem Menschen Jesus von Nazareth vorbehalten. Vielmehr kann jeder von uns zu dieser Gemeinschaft mit dem Vater und dem Sohn gelangen. Jesus selbst hat uns dies genauso zugesagt: „Ich bin in meinem Vater, ihr seid in mir und ich bin in euch." (Joh 14,20)

Jesus sprach in diesem Zusammenhang vom Himmelreich (Mt 4,17) oder Reich Gottes (Mk 1,15; Lk 6,20; Joh 3,3), hebräisch *malkût*. Ausdrücklich verstand er unter diesem Begriff, keine äußerliche, sondern eine spirituelle Wirklichkeit. „Das Reich Gottes kommt nicht so, dass man es beobachten könnte. Man kann auch nicht sagen: Seht, hier ist es! oder: Dort ist es! Denn siehe, das Reich Gottes ist mitten unter euch." (Lk 17,20f.)

Das Wort Himmelreich ist Jesu bildhafte Umschreibung für das unsichtbare Wirken Gottes, das die gesamte Schöpfung durchdringt. Durch Jesus von Nazareth und seine Lehre ist dieser Heilsplan Gottes endgültig unter uns Menschen wirksam geworden. Zwar bleibt das den meisten Menschen zeitlebens verborgen. Gelingt es mir jedoch, meinen Geist ganz für Gott zu öffnen, so werde ich diesen Plan erkennen. Mehr noch, ich werde mir der Gegenwart Gottes in der Welt spürbar gewahr. Und ich selbst kann Teil seines verborgenen Wirkens werden, indem sich mein Geist mit dem seinen verbindet.

Nur ich als einzelner Mensch kann für mich dieses Einssein mit dem Heiligen Geist erfahren. Ich für mich allein kann im Hier und Jetzt in das Königreich Gottes eintreten und mir so Anteil am göttlichen Heilsplan erwerben.

Um zur Gemeinschaft mit Gott zu gelangen, muss ich mich ganz seinem Willen unterwerfen. „[Derjenige] wird in das Himmelreich kommen, [der] den Willen meines Vaters im Himmel tut." (Mt 7,21) Mit anderen Worten: Ich muss mein eigensinniges Wünschen und Wollen aufgeben und mich stattdessen für Gott entscheiden. Dies ist deshalb notwendig, weil ich nicht gleichzeitig meinen und den Willen Gottes tun kann. „Niemand kann zwei Herren dienen." (Mt 6,24)

Gelingt es mir als gläubiger Christ meine Ichbezogenheit abzulegen und den Willen Gottes zu verinnerlichen, so verbindet sich mein Geist mit dem Heiligen Geist. Ich habe dann Anteil am Reich Gottes und darf aus der Gemeinschaft mit Gottvater und seinem Sohn Jesus Christus leben und unbegrenzt Kraft schöpfen. „Wer an mich glaubt, wird die Werke, die ich vollbringe, auch vollbringen und er wird noch größere als diese vollbringen." (Joh 14,12)

Dabei darf ich ganz darauf vertrauen, dass mich der Geist Gottes leiten wird. „Der Beistand aber, der Heilige Geist, den der Vater in meinem Namen senden wird, der wird euch alles lehren und euch an alles erinnern, was ich euch gesagt habe." (Joh 14,26)

Sobald ich diese spirituelle Gemeinschaft mit Gott erst einmal erfahren habe, kann ich nicht mehr anders, als in seinen Dienst zu treten. Ich wünsche mir nichts sehnlicher, als sein Werkzeug zu sein, damit sein Wille durch mein Leben hier auf Erden zur gelebten Wirklichkeit wird. So nimmt die verborgene Königsherrschaft Gottes dann in mir und durch mich hindurch im Hier und Jetzt meines Lebens Gestalt an.

1.2 Vom Kern der Lehre Jesu

Wie seine Freunde, so lädt Jesus auch mich ins Reich Gottes ein. „Kommt und seht!" (Joh 1,39) Jesus wollte mir den Weg dorthin aufzeigen. Er bezeichnete sich selbst als den Weg: „Ich bin der Weg und die Wahrheit und das Leben." (Joh 14,6) Mit anderen Worten: Ich soll seinem Beispiel folgen und ganz nach seiner Lehre leben. Sein Weg muss zu meinem werden. „Nicht mehr ich lebe, sondern Christus lebt in mir." (Gal 2,20)

Um Jesus nachzufolgen, muss ich seine Lehre verinnerlichen. „Wenn ihr mich liebt, werdet ihr meine Gebote halten." (Joh 14,15) Am wichtigsten davon ist die Gottesliebe. „Du sollst den Herrn, deinen Gott, lieben mit ganzem Herzen, mit ganzer Seele und mit deinem ganzen Denken." (Mt 22,37)

Von großer Bedeutung ist hier die genaue Reihenfolge der Worte. Ausdrücklich steht das Herz an erster, das Denken hingegen an letzter Stelle. Um Gott lieben zu können, muss ich ihm zuallererst mein Herz öffnen. Das kann ich aber nur, wenn mein Geist auf heilsame Weise mit meiner

Gefühlswelt verbunden ist. Habe ich keinen Zugang zu meinem Herzen, so kann ich Gott nicht wahrhaftig lieben.

Das Gleiche meinte Jesus mit dem folgenden Wort. „Wenn ihr nicht umkehrt und werdet wie die Kinder, werdet ihr nicht in das Himmelreich hineinkommen." (Mt 18,3) Im Gegensatz zu den Erwachsenen haben Kinder nämlich normalerweise eine lebendige Beziehung zu ihren Herzen. Dies gilt jedenfalls für die behüteten Kinder, die noch nicht zu oft und zu tief gekränkt worden sind. Aber auch als Erwachsener ist es mir möglich, die verlorengegangene kindliche Unschuld wiederzufinden. Dazu muss ich die versperrte Pforte zu meiner Gefühlswelt schlicht und einfach erneut entriegeln.

Am zweitwichtigsten ist die Liebe zu den Mitmenschen. „Du sollst deinen Nächsten lieben wie dich selbst." (Mt 22,39) So wahr wie dieser Satz ist, so häufig wurde und wird er leider völlig falsch verstanden. Zunächst einmal ist hier zu beachten, dass dieses Gebot ausdrücklich an die Selbstliebe gebunden ist und folglich nicht von dieser gelöst werden darf. Es handelt sich bei diesem Satz also um ein Doppelgebot, das mich sowohl zur Nächsten- als auch zur Selbstliebe auffordert. Beide bedingen einander. Keinesfalls darf die Eigenliebe übergangen werden.

Nichtsdestotrotz wird bei diesem Gebot die Aufforderung zur Selbstliebe gern übersehen, eben weil diese irrtümlicherweise häufig bei allen Menschen als gegeben vorausgesetzt wird. In der Tat ist sie das allerdings nicht. Vielmehr mangelt es vielen Menschen an wahrer Eigenliebe. Wenn ich mich jedoch selbst nicht liebe, empfinde ich auch nichts für meine Nächsten. Was genau aber bedeutet es, mich zu lieben?

Das Gebot der Nächstenliebe wird stets dann falsch gedeutet, wenn der Begriff der Selbstliebe nicht richtig verstanden und mit der Selbstsucht verwechselt wird. Mit der Liebe zu mir selbst ist jedoch gerade eben nicht die selbstverliebte Ichsucht gemeint, die weitverbreitet ist.

Vielmehr ist damit die Achtsamkeit mir selbst gegenüber zu verstehen. Nur sie kann Grundlage für den christlichen Pfad der Mitmenschlichkeit sein. Leider nur ist die Praxis der Selbstachtsamkeit ein kostbares, weil seltenes Gut.

Der Weg zur Gemeinschaft mit Gott muss damit beginnen, dass ich auf mich achte. So lerne ich mich zu lieben. Ich werde innerlich verändert und aufgebrochen. Ich überwinde alle eigensinnigen Gedanken und öffne die Pforte zu meinem Herzen. Das ist nötig, denn nur so kann ich aufrichtig und ehrlich den Weg der Nächstenliebe beschreiten.

Je länger ich mich in der Achtsamkeitspraxis gegenüber mir und meinen Nächsten übe, umso mehr verlieren alle unheilvollen Gedanken ihre Macht über meinen Geist. Ich fange an, für den Anruf Gottes wach zu werden. Und am Ende ist er es selbst, dem ich in der Ruhekammer meines Herzens begegne.

1.3 Von der Gotteserfahrung

Die Gemeinschaft mit dem göttlichen Geist ist nun weder theoretisch noch abstrakt. Sie ist kein theologisches Gedankenspiel, sondern vielmehr eine spirituell-religiöse Wirklichkeit, die für mich als gläubigen Christen im Hier und Jetzt meines alltäglichen Lebens tatsächlich erfahrbar werden kann.

Damit sich meinem Geist das Wirken Gottes in der Welt offenbart und ich selbst Teil seines Handelns werde, muss ich mein selbstverliebtes Denken überwinden und lernen, in den inneren Raum der Stille einzutreten. Denn in der Tat ist es nichts anderes als die krankhafte Ichsucht, die mich an der wahren Selbstliebe, der aufrichtigen Nächstenliebe und der innig empfundenen Gottesliebe hindert.

Meine Selbstsucht kann ich jedoch nicht mit Hilfe des Willens bezwingen, eben weil dieser dem ichbezogenen Denken entspringt. Zwar ist es notwendig, mich willentlich dafür zu entscheiden, ins Reich Gottes eintreten zu wollen. Es bedarf also zunächst erst einmal einer bewussten

Entscheidung für den Weg Jesu. Um dann allerdings in das Himmelreich hineinzugelangen und dauerhaft aus der spirituellen Gemeinschaft mit Gott zu leben, muss ich eben diesen meinen Eigensinn aufgeben.

Von meiner Selbstsucht kann ich mich auch nicht auf mystische Weise befreien, indem ich heilige Rituale vollziehe. Diese können stets nur äußere Zeichen sein, welche meiner Gemeinschaft mit dem Heiligen Geist im Nachhinein Ausdruck verleihen. Gottesdienstliche Handlungen spielen also äußerlich sichtbar nach, was ich vorher innerlich vollzogen habe. So muss die spirituelle Verbundenheit mit Gott den Ritualen gerade deshalb vorausgehen, weil die religiösen Zeremonien andernfalls ein inhaltsleeres Schauspiel bleiben.

Ebenso wenig kann ich die geistige Gemeinschaft mit Gott durch Worte herbeibeten. Viele Menschen beten ohne Unterlass und verzweifeln doch daran, da ihr Beten fruchtlos bleibt, weil sie sich nur mit dem Mund oder in Gedanken nicht aber mit dem Herzen an Gott wenden. Durch das laute oder stille Sprechen von Gebetsworten kann ich meine krankhafte Selbstsucht jedoch nicht überwinden. Daher stellen Gebete, die nur dem Kopf, nicht aber dem Herzen entspringen, keine Verbindung zum göttlichen Geist her.

Grundsätzlich braucht diese geistige Gemeinschaft mit Gott ohnehin nicht hergestellt werden, weil diese Einheit immer schon gegeben ist. Gott ist für mich da. Er ist allzeit bei mir. In dem Sinn darf auch der berühmte Bibelvers verstanden werden, in welchem Gott sich Mose einst im brennenden Dornbusch offenbart hat. „Ich bin, der ich bin [da]." (Ex 3,14)

Aber erfahren kann ich dieses Dasein Gottes in meinem Leben eben nicht, solange ichbezogene Gedanken meinen Geist fesseln. Nur wenn ich anfange, meinen Eigensinn durch praktische Achtsamkeitsübungen zu überwinden, werde ich Gott mit der Zeit finden. Irgendwann wird die innere Verbundenheit mit dem Heiligen Geist für mich als echte, wirkliche Erfahrung erlebbar. Ich fange an, im himmlischen Reich Gottes zu weilen.

1.4 Von der leisen Stimme Gottes

Um die geistige Gemeinschaft mit Gott erfahren zu können, muss ich den Weg gehen, den mir Jesus gewiesen hat. Ich kann Gott nur recht von Herzen lieben, wenn meine Willensentscheidung für ihn zum Herzenswunsch wird. Mit anderen Worten: Mein Geist muss in Verbindung zum Herzen, das heißt zu meinen Gefühlen kommen. Dadurch, dass ich lerne, auf alle Empfindungen zu achten, überwinde ich meinen Eigensinn und entdecke jenseits davon mein liebenswertes von Gott ins Dasein gerufene wahre Selbst. Ich fange an, mich in Selbstachtsamkeit zu üben. Und nur wenn ich lerne, mich anzunehmen, wie ich bin, kann ich auch Gefühle für meine Mitmenschen entwickeln.

Diesen Weg muss ich praktisch gehen, indem ich achtsam atme und heilsam handle, an mir ebenso wie an meinen Nächsten. Kein Wort ist auf diesem Weg notwendig. Auch kein Gebetswort. Es braucht nur meinen Atem. Mein Atem stammt ja von Gott. Er hat ihn mir geschenkt. „Da formte Gott, der HERR, den Menschen,

Staub vom Erdboden, und blies in seine Nase den Lebensatem. So wurde der Mensch zu einem lebendigen Wesen." (Gen 2,7) Wenn ich also an Gott glaube, dann werden mich mein achtsames Atmen und mein heilsames Handeln auch ohne alle Worte zu ihm führen.

Durch meine praktisch gelebte Achtsamkeit verstummen nach und nach alle selbstsüchtigen Gedanken. Und wenn schließlich der Eigensinn schweigt, werde ich Gott begegnen, sofern ich an ihn glaube. Ich brauche mich dazu nur meiner inneren Sehnsucht nach Gott hingeben. Letztlich ist mein Verlangen nach ihm nämlich nichts anderes als das Spiegelbild seiner tiefen Sehnsucht nach mir. Er ist immer die Quelle meines Sehnens.

Bin ich erst einmal in die Ruhekammer meines Herzens eingetreten, wo die ichbezogenen Gedanken keine Macht mehr über meinen Geist haben, so werde ich mir der Gegenwart Gottes spürbar gewahr. Und er, mein mich liebender Vater, wird anfangen, zärtliche Worte zu mir zu sprechen.

Gott offenbart sich in der Stille des Herzens. Er spricht sehr sanft. Seine Stimme ist wie der Hauch des Windes. So heißt es nicht umsonst, dass Elija Gottes Stimme ganz leise vernommen hat. „Nach dem Feuer kam ein sanftes, leises Säuseln [und] der HERR antwortete ihm." (1 Kön 19,12.15) Wie zu Elija, so will Gottvater sich durch den Heiligen Geist auch mir mitteilen. Er will mir gute Gedanken schicken, ganz wie es Jesus einst versprochen hat. „Denn der Heilige Geist wird euch [...] lehren, was ihr sagen müsst." (Lk 12,12)

Wenn ich erst einmal in die innere Ruhekammer meines Herzens eingetreten bin, dann fängt Gott an zu mir zu sprechen. Ich vernehme seine Worte in meinen Gedanken. Je mehr sich aber mein Schweigen und meine Gelassenheit vertiefen, umso kräftiger sprudelt der unerschöpfliche Quell der Stimme Gottes in meinem Geist. Gott liebt es, zu mir zu sprechen und auch mich erfüllt seine warmherzige Stimme mit großer Freude. Seine lebensspendenden Worte machen mich froh und glücklich.

Zweiter Abschnitt

DER WEG DES HERZENS

2.1 Von der krankhaften Selbstsucht

Nicht selten wird die Selbstliebe mit der Ichbezogenheit verwechselt. Aus diesem Grund wird mitunter leider sogar davor gewarnt, achtsam mit sich selbst zu sein. Dieses Missverständnis führt oft dazu, dass dann an Stelle der Selbstachtsamkeit irrtümlicherweise die Selbstverleugnung als besonders tugendsamer Pfad der Nächsten- und Gottesliebe gepredigt wird.

Hinzu kommt meist noch ein zweiter grundfalscher Gedanke, wonach das Himmelreich Jesu vor allem jenseitig zu deuten sei. Demzufolge müsse ich die Bitternis im Hier und Jetzt stumm ertragen und still vor mich hin leiden. Ich müsse mich klein machen und vollkommen für meine Nächsten aufopfern. Mein ganzes Dasein solle zu einem nie endenden Kreuzweg werden. Die harten Entbehrungen im Diesseits würden dafür nach meinem Tod im Jenseits mit lauter Herrlichkeiten entlohnt.

Zwar zeichnet es ein heiligmäßiges Leben aus, wenn ich stets bereit bin, alle Herausforderungen innerlich anzunehmen und gegebenenfalls gleich

Jesus den Weg ans Kreuz gehe, das heißt meinen Glauben durch mein Blut bezeuge. Diese Bereitschaft, das eigene Leben preiszugeben, ist sicher die höchstmögliche Form der Liebe. „Es gibt keine größere Liebe, als wenn einer sein Leben für seine Freunde hingibt." (Joh 15,13)

Einen lebenslangen Kreuzweg der Selbstverleugnung hat Jesus jedoch weder vorgelebt, noch wollte er einen derartigen Weg für seine Jünger. Oft hat er mit seinen Freunden und Bekannten festlich Mahl gehalten (Mt 9,9f.; Mk 2,14f.; Lk 5,27ff.) oder er war selbst Gast auf einem Fest, wie bei der wundersamen Hochzeit zu Kana (Joh 2,1-11).

Auch das Reich Gottes hat Jesus mit dem Bild des Festmahls beschrieben (Mt 22,1-14; Lk 14,15 -24). Sehr deutlich hat er gemacht, dass seine Jünger nicht fasten müssen, solange er bei ihnen weilt (Mt 9,14f.; Mk 2,18ff.; Lk 5,33ff.).

Warum also sollte ich mich als Christ mein Leben lang selbst verleugnen, mich ständig klein machen, traurig und vermutlich sogar verhärmt vor mich dahinleiden und ein bitteres Dasein der vollkommenen Entsagung führen, wo ich doch im Himmelreich weile, da ich durch den Heiligen Geist in Gemeinschaft mit Gottvater und seinem Sohn Jesus Christus lebe?

Der entscheidende Denkfehler liegt dort, wo die Ichbezogenheit der Selbstliebe gleichgesetzt wird. Das ichbezogene Denken ist nämlich eben keine gesunde Eigenliebe, sondern eine krankhafte Selbstverliebtheit, die unmöglich Grundlage für die Nächstenliebe sein kann.

Zu Recht wurde und wird daher vor der Ichsucht gewarnt. Ja, tatsächlich krankt die ganze Menschheit an nichts anderem so sehr wie an einem himmelschreienden Mangel an praktischer Spiritualität und einer unersättlichen Gier der vollkommen entgrenzten Selbstsucht.

Und nicht nur die Menschheit als Ganzes, sondern auch ich als einzelner Mensch kranke an meiner Ichbezogenheit. Denn wenn ich diese nicht überwinde, dann ist mir der Weg zum wahren Selbst versperrt. Solange ich dieses aber nicht gefunden habe, kann ich mich nicht in rechter Weise lieben. Ohne Eigenliebe bin ich

wiederum unfähig zur Nächstenliebe. Infolge-
dessen kann ich dann unmöglich den Weg zu
Gott finden.

Die entscheidende Frage ist nun, wie ich mich
von der Selbstverliebtheit zu befreien vermag.
Und letztlich scheiden sich auch hier wieder die
Geister. Immer wieder wurde und wird leider
nicht nur im Christentum gelehrt, die Ichbezogenheit müsse mittels unbarmherziger Askese
ausgemerzt werden.

Hinter derartigen Forderungen stecken allerdings vollkommen verquere Vorstellungen, die
dem Menschen nicht gerecht werden und über-
dies mit der Lehre Jesu nichts zu tun haben. Ein
solch herzloses Menschenbild war und ist ein
Irrweg.

Wahr ist, dass sowohl verbissene Askese als
auch ungezügelte Maßlosigkeit unheilvoll sind.
Heilsam dagegen ist der Weg des achtsamen
Menschen, der stets ein gesundes Mittelmaß hält
und dessen asketische Bescheidenheit nicht auf
zwanghafter Strenge, sondern auf innerer Freiheit beruht.

Dementsprechend ist heute auch bei christlichen Lehrern das Verständnis zumeist doch so weit fortgeschritten, dass Eigenliebe wenigstens als Selbstfürsorge begriffen wird. Häufig wird dies so gedeutet, dass ich achtsam mit meinen körperlichen Bedürfnissen sein soll. Ich müsse beispielsweise auf mein leibliches Wohl achten. Auch solle ich mir rechtzeitig Erholungspausen und genügend Schlaf gönnen. Harte Askese sei demnach also nicht der rechte Weg des Heils.

Nur leider wird diese Selbstsorge oftmals zu äußerlich gedacht. Wenn ich mich darum kümmere, was mein Körper braucht, dann ist das sicher nicht falsch, greift aber zu kurz. Um zur rechten Eigenliebe vorzudringen, muss ich darüber hinaus vor allem innere Achtsamkeit üben, indem ich mich bewusst den Bedürfnissen meines Geistes widme.

2.2 Von der wahren Selbstliebe

Jeder Mensch hat einen Körper und einen Geist. Und ebenso wie der Körper, so hat auch der Geist Bedürfnisse. Spiritualität bedeutet schlicht und einfach, mich um meine geistigen Sehnsüchte zu kümmern. All meine spirituellen Wünsche beruhen dabei auf dem Verlangen nach heilen Beziehungen. Ich sehne mich nach meinen Mitmenschen und als gläubiger Mensch brauche ich das Gefühl der Verbundenheit mit Gott.

Die grundlegendste Beziehung jedoch, auf der alle anderen aufbauen, ist die meines Geistes zu meinem Herzen, das heißt zur Gefühlswelt. Ist diese Verbindung gestört, so habe ich keine heile Beziehung zu mir selbst. All mein Denken bleibt dann ichbezogen. Meine Selbstbezogenheit aber macht mich unfähig, meinen Nächsten und Gott auf rechte Weise zu begegnen.

Bei sehr vielen Menschen sind Geist und Herz nicht gut miteinander verbunden. Trifft dies auf mich zu, so spielt es keine Rolle, ob ich mir dessen bewusst bin oder nicht. Tatsächlich nehme ich meine psychisch-emotionalen Schwächen im

Normalfall nur recht selten wahr, eben weil mir meine Ichbezogenheit den Blick auf mich selbst trübt.

In meiner inneren Wahrnehmung sehe ich ein geschöntes Bild von mir, das dem selbstbezogenen Denken entspringt, mit meiner eigentlichen Person und meinem wahren Verhalten jedoch wenig zu tun hat. Meine Schwächen und Fehler bleiben weitgehend ausgeblendet. Ich gaukle mir selbst etwas vor, weil es weh tun würde, mich so anzuschauen, wie ich in Wahrheit bin.

Die Beziehung zu meinem Herzen ist immer dann gestört, wenn ich falsch mit den Gefühlen umgehe. Vielleicht bin ich ein Mensch, der alles Unliebsame so weit als möglich ablehnt. Gleichzeitig giere ich wahrscheinlich nach Beschäftigungen, die mir angenehm sind.

Wenn ich so lebe, dann pflege ich keine heilsame Beziehung zu meinem Herzen. Ich kann unangenehme Gefühle nämlich nicht auflösen, indem ich sie ins Unterbewusstsein verdränge. Vielmehr belastet mich das, was ich verdrängt habe, dauerhaft, ohne dass ich es wahrnehme.

Dies führt dazu, dass ich mich grundsätzlich unzufrieden fühle. Mein Unmut wiederum nährt das selbstsüchtige Denken, das mich nach Lusterlebnissen gieren lässt. Letztlich stärke ich so die krankhafte Selbstverliebtheit. Ich entwickle allerlei eigenwillige Verhaltensweisen, die nicht nur für mich, sondern auch für meine Mitmenschen schlecht sind.

Grundlage eines spirituellen Lebens muss im Gegensatz dazu die achtsame Eigenliebe sein. In dieser übe ich mich, sobald ich all meine Gefühle beachte. Ich darf unangenehme Empfindungen nicht verdrängen, sondern soll mich diesen aufmerksam widmen, wodurch sie sich nach einer gewissen Weile legen können. Und ich darf nicht der Gier nach mir angenehmen Reizen verfallen. Vielmehr geht es darum, die Süchte zu meistern. Nur so kann mein Geist eine gesunde Beziehung zu meinem Herzen pflegen.

Meine spirituelle Praxis der im Alltag gelebten Achtsamkeit lehrt mich, nicht nur auf meine körperlichen, sondern vor allem auch auf meine geistigen Bedürfnisse zu achten. Indem ich all meinen Gefühlen Beachtung schenke, den angenehmen ebenso wie den unangenehmen, fühle ich mich innerlich zufrieden. Ich entwickle Ruhe und Gelassenheit. Ich versöhne mich mit meinem Leben und nehme mich selbst an, mit all meinen Stärken und Schwächen.

Allmählich lege ich so die geschönte Innensicht ab und dringe zu meinem wahren Selbst vor, das von Gott geschaffen und vollkommen gut gedacht war. Ich beginne, mich immer mehr diesem Bild anzunähern. Ich lerne, mich selbst zu lieben. Und nur diese wahre Selbstliebe, die auf der Achtsamkeitspraxis beruht, ermöglicht es mir, sowohl Gott als auch meinen Mitmenschen von ganzem Herzen nahe zu sein.

2.3 Von der aufrichtigen Nächstenliebe

Nächstenliebe muss in Eigenliebe wurzeln. Übe ich keine Selbstachtsamkeit, so bleibt mein Geist im Eigensinn verhaftet. Letztlich kenne ich dann nur die selbstverliebte Ichsucht. Mein Geist ist unfähig zu wahrer Liebe. Wie könnten mir meine Mitmenschen am Herzen liegen, wenn ich für mich kein Gespür habe. Warum sollte ich anderen helfen wollen, wenn ich doch mit mir selbst unachtsam bin. Da ich nie auf meine Bedürfnisse achte, werde ich mich anderen gegenüber ebenso rücksichtslos verhalten.

Sicherlich kann ich die Sorge um die Nächsten dennoch als gut und richtig begreifen. Auch mag ich fromme Werke zum Wohl der Gemeinschaft als moralisch wertvoll verstehen. Eine ethisch begründete Menschenliebe ist jedoch nicht echt, sondern nur halbherzig. Sie entspringt der Vernunft des Kopfes. Von Herzen kommt sie nicht. Diese verkopfte Form des Mitgefühls kann meinen Geist unmöglich zu Gott führen. Für mich als aufrechten Christen, der von ganzem Herzen Gott sucht, ist sie daher ohne Wert und kann niemals Grundlage meiner Lebensführung sein. Versuchte ich mich in Güte zu üben, ohne zunächst daranzugehen, meine Ichsucht zu überwinden, dann wäre ich töricht wie ein Mann, der sein Haus auf Sand baut.

Will ich christlich leben, dann muss ich mein Haus der Nächstenliebe auf den Felsen der Eigenliebe bauen. Ich fange also an, mit mir selbst achtsam zu sein. Genauer gesagt bin ich sorgsam mit meinen körperlichen und geistigen Bedürfnissen. Insbesondere achte ich allezeit auf meine Gefühle. Durch äußere und innere Selbstsorge fühle ich mich zufrieden. Gleichzeitig wächst in mir die Sehnsucht, meinen inneren Frieden auf alle Menschen ausstrahlen zu lassen. Ich möchte Versöhnung in die Welt tragen. Indem ich also achtsam mit mir selbst bin, werde ich unwillkürlich meinen Mitmenschen gleichfalls wohlwollend entgegentreten.

Achtsam mit meinen Nächsten bin ich immer dann, wenn ich mich in meinem Tun und Lassen nicht von meinem Eigensinn beherrschen lasse. Statt in erster Linie nur an mich zu denken, achte ich ganz praktisch auf die Bedürfnisse anderer. Ich helfe dort, wo mir dies heilsam erscheint. Anstatt zu verletzen, möchte ich Heilung bewirken, wann immer jemand verletzt wird.

Bei meinen tätigen Werken der Nächstenliebe handle ich stets im Rahmen meiner Möglichkeiten und achte gleichzeitig auf meine Bedürfnisse. In meinen Bemühungen gegenüber den Mitmenschen bin ich zwar ausdauernd. Es wäre jedoch falsch, mich selbst ständig übergebührlich zu verausgaben. Erschöpfte ich mich nämlich ohne Rücksicht auf die eigenen Kräfte, dann könnte ich meinen Verpflichtungen den anderen gegenüber nicht mehr in ausreichendem Maße nachkommen. Vor allem aber würde ich zwangsläufig meine Gelassenheit verlieren. Ich würde mich erneut unzufrieden fühlen und die Pforte meines Herzens verschließen.

Auch Jesus war sich sehr bewusst, wie wichtig es ist, mit sich selbst achtsam zu sein. Er suchte regelmäßig die Stille der Abgeschiedenheit, um sich von dem Andrang der vielen Menschen zu erholen (Mt 14,13.23). Und er hat seine Jünger aus dem gleichen Grund dazu aufgerufen, sich immer wieder auszuruhen und neue Kraft zu schöpfen (Mk 6,31; Lk 9,10).

Als Christ übe ich mich ausdauernd in Achtsamkeit. Tagtäglich sorge ich für mich und meine Mitmenschen. Eben weil ich dabei die eigenen Kräfte berücksichtige, bin ich bei meinen tätigen Werken der Mitmenschlichkeit unermüdlich. So verwandelt sich meine Selbstverliebtheit mit der Zeit in wahre Selbst- und Nächstenliebe. Mein eigenwilliges Denken, das meinen Geist bisher vom Heiligen Geist getrennt hat, fällt von mir ab, wodurch ich allmählich zur innigen Gottesliebe gelange.

2.4 Von der innigen Gottesliebe

Jesus Christus ist für den gläubigen Christen die menschgewordene Liebe Gottes. Deshalb hat Jesus uns das Liebesgebot als sein Vermächtnis geschenkt. „Ein neues Gebot gebe ich euch: Liebt einander! Wie ich euch geliebt habe, so sollt auch ihr einander lieben." (Joh 13,34) Mein ganzes christliches Leben gründet dabei auf der innigen Liebesbeziehung mit Gott. Durch Jesus Christus bin ich fest in Gott verwurzelt. „Ich bin in meinem Vater, ihr seid in mir und ich bin in euch. […] Wer mich aber liebt, wird von meinem Vater geliebt werden und auch ich werde ihn lieben." (Joh 14,20f.)

Nichts trennt mich von dieser Liebe Gottes. „Weder Tod noch Leben, weder Engel noch Mächte, weder Gegenwärtiges noch Zukünftiges noch Gewalten […] können uns scheiden von der Liebe Gottes." (Röm 8,38f.)

Jedoch kann mir die Selbstsucht den Zugang zu Gott versperren. Diese unheilvollen Gedanken trennen meinen Geist von Gott insofern, als er nicht zu mir sprechen kann. Er ist mir zwar auch dann immer nahe und will zu mir sprechen. Ich aber bleibe taub für seine Worte.

Übe ich mich dagegen in Achtsamkeit gegenüber mir und meinen Nächsten, so lassen die eigensinnigen Gedanken von meinem Geist ab. Irgendwann kommt schließlich der Augenblick, in dem mein Geist völlig frei wird und ich zum ersten Mal kurz in die Ruhekammer des Herzens eintrete. Dort in meinem inneren Raum der Stille werde ich mir der liebenden Gegenwart Gottes spürbar gewahr. Gott hat hier schon stets auf mich gewartet. Er war und ist für mich da. Jetzt, da ich ihn gefunden habe, schließt er mich in die Arme und spricht heilsame Worte zu mir. Wie aber könnte ich ihn nicht lieben und auf seine Stimme hören, hat er mich doch schon geliebt, noch bevor ich ihn erkannt habe. Mein ganzes Glück ist die geistige Gemeinschaft mit meinem Schöpfer.

Dritter Abschnitt
DIE WAFFEN DES HERZENS

3.1 Vom achtsamen Atmen

Um Gott, meine Nächsten und mich selbst von ganzem Herzen lieben zu können, muss ich den praktischen Weg der im Alltag gelebten Achtsamkeit gehen. Dieser beruht vor allem auf dem meditativen Atmen. Indem ich lerne, willentlich ein- und auszuatmen, fange ich an, mich ständig selbst zu beruhigen. Das ist sehr wichtig, damit mein Leben gelingt. Denn nur mittels Gelassenheit vermag ich heilsam zu leben. Allein aus dem Gefühl der inneren Ruhe heraus kann ich achtsam schweigen, sprechen und handeln.

Achtsamkeit bedeutet zunächst und vor allem, mich zurückzunehmen. Es meint, den Eigensinn zu zähmen. Ich denke nicht in erster Linie nur an mich. Vielmehr sind mir bei meinem Tun und Lassen meine Mitmenschen, alle Lebewesen und die Umwelt als Ganzes ebenso wichtig. Anstatt selbstsüchtige Ziele gegen äußere Widerstände durchzusetzen, füge ich mich in die Widrigkeiten meines Lebens.

Nun mag dies auf den ersten Blick eher wenig erstrebenswert sein. Was bringt es mir, wenn ich nicht zuerst an mich und meine vielen Wünsche, sondern an die Bedürfnisse anderer denken soll? Was habe ich davon, mich fügsam zu zeigen, statt mit meinem Schicksal zu hadern? Leicht könnte ich glauben, als achtsamer Mensch sei ich ja doch nur ein Schwächling. Starke Menschen, so könnte ich meinen, sollten gegen ihr Schicksal ankämpfen.

Aber tatsächlich ist das ichbezogene Denken eine Art Selbsttäuschung. Nur wenn ich mich in Achtsamkeit übe, schöpfe ich aus der Fülle des Lebens, da ich nur dann eine heile Verbindung zu meinem Herzen habe und Freiheit erfahre. Je stärker nämlich meine Gelassenheit, umso mehr löst sich mein Geist aus den Fesseln der Gedankenwelten, weshalb ich im Lauf der Zeit immer unbeschwerter leben kann.

Im Unterschied dazu fühlt sich der ichbezogene Mensch nie wirklich frei. Ständig verfolgt er selbstsüchtige Ziele, deren Befriedigung ihm nur kurzfristig Erleichterung verschafft. Er strebt nach diesem oder jenem, kommt aber niemals bei sich an. Durch seine Selbstsucht erschöpft er schließlich seine letzten Kräfte. Sein Geist aber bleibt allezeit Sklave des Denkens. Völlig sinnlos vergeudet der eigensinnige Mensch sein wertvolles Leben.

Ganz anders lebe ich als achtsamer Mensch. Ich denke und handle aus einem tiefen Gefühl der inneren Ruhe. Eben weil ich mich frei fühle, kann ich mein Leben in vollen Zügen genießen. Ich muss nicht hadern. Stattdessen nehme ich alles vorbehaltlos an, so wie es im Hier und Jetzt eben ist. Ich mache stets das Beste aus den Möglichkeiten, die sich mir bieten.

Dabei bin ich selbstbewusst und nehme mein Schicksal in die Hand. Zwar füge ich mich, so wie das Schilfrohr dem Wogen des Windes nachgibt. Innerlich gebe ich aber niemals klein bei. In allen Stürmen bleibe ich stark und standhaft. Ich bin unbeugsam. Äußere Widrigkeiten vermögen mir nichts anzuhaben. Ebenso wie das Schilfrohr nicht bricht, sondern selbst im größten Sturm sicher im Boden verwurzelt bleibt, verharre ich in meiner inneren Freiheit. Gegen alle Anfechtung behaupte ich meinen Platz und bin bereit, nötigenfalls bis zum Äußersten zu gehen. Auch bin ich ohne Furcht, da Gott selbst an meiner Seite steht. „Ist Gott für uns, wer ist dann gegen uns?" (Röm 8,31)

Um mich frei fühlen zu können, brauche ich Gelassenheit, denn nur diese kann alle Ängste und Sorgen vertreiben. Ich verschaffe mir die notwendige Ruhe, indem ich mich in achtsamem Atmen übe. Sobald mich die äußeren Umstände des Lebens in Unruhe versetzen und mich sorgenvolle Gedanken quälen, nehme ich mir eine Auszeit. Ich setze mich still hin und lenke mein Bewusstsein auf die Atmung.

Achtsames Atmen ist sehr einfach. Ich atme bewusst ein. Dann atme ich wieder aus. Ich atme nicht unbewusst, sondern willentlich. Ich atme absichtlich ruhig und gleichmäßig, nicht zu flach und nicht zu tief. Durch mein bedachtes Atmen beruhige ich das Denken meines Geistes.

Während mein Atem kommt und geht, öffne ich Gott mein Herz. Ich nehme mir Zeit, um mich meinen Gefühlen zu widmen. Ich fühle in meinen Körper hinein und erspüre, wo mich die

Widrigkeiten des Lebens in Unruhe versetzen. Ich nehme die innere Erregung wahr. Während ich meditativ atme, richte ich meine Aufmerksamkeit auf das Gefühl der Ruhelosigkeit. Wenn ich in meinen Körper hineinspüre, kann ich die Unruhe spüren. Sie äußert sich als Beklemmung in der Brust, als Druck im Bauch oder als Zittern in den Händen. Ich atme bewusst und ich fühle bewusst.

Nach einer Weile des achtsamen Atmens und Hineinspürens legt sich meine Rastlosigkeit. Die Beklemmung, der Druck oder das Zittern ebbt langsam ab. Gleichzeitig beruhigt sich auch mein Denken. Die innere Erregung und mit ihr alle sorgenvollen Gedanken verlieren die Macht über meinen Geist.

Ich kann wieder vernünftig denken. Ich fühle mich ruhig, gelöst und entspannt. Mein Gedankenwirrwarr hat sich geklärt. Mein Geist ist jetzt frei. Diese klare Freiheit des Denkens ist wichtig, denn sie befähigt mich dazu, bewusst zu leben und richtige, weil heilsame Entscheidungen zu treffen.

Damit ich auch im Alltag meine innere Ruhe und geistige Klarheit nicht verliere, sondern ganz in Gott geborgen bleibe, kann ich mir angewöhnen, bei all meinem Tun und Lassen stets einen Teil meiner Aufmerksamkeit auf die Atmung zu richten. Indem ich tagaus, tagein achtsam atme, bewahre und vertiefe ich mein Ruhepolster. Mit der Zeit werden mir alle Verrichtungen zu Achtsamkeitsübungen. Mein ganzes Denken und Tun wird mir zu einem ununterbrochenen wortlosen Gebet. Ich lerne, immer mehr aus der Gemeinschaft mit Gott zu leben.

3.2 Vom achtsamen Schweigen

Meditatives Atmen sollte so oft wie möglich mit achtsamem Schweigen einhergehen. Jedoch fällt es vielen Menschen sehr schwer, still zu werden. Sie fühlen sich von äußerer Ruhe überfordert, eben weil dadurch die ins Unterbewusste verdrängte innere Unruhe wachgerufen wird.

Schweigt mein äußeres Lärmen, dann offenbart sich die Ruhelosigkeit meines Denkens. Das aber kann Angst machen, eben weil diese Erfahrung mit Gefühlen der Hilflosigkeit und inneren Leere einhergeht. Ich weiß vielleicht nicht, wie ich damit umgehen soll und so erscheint es mir einfacher zu sein, mich von allem Unangenehmen durch Geschäftigkeit abzulenken.

Vor Gefühlen brauche ich jedoch keine Angst zu haben. Tatsächlich wollen sie schlicht nichts anderes, als einfach bewusst beachtet zu werden. Dies gilt für geliebte Regungen genauso wie für ungeliebte. Niemals sollte ich ein Gefühl deshalb ablehnen, weil es mir nicht angenehm erscheint. Verdränge ich es, so fühle ich mich zwangsläufig nicht zufrieden. Die Unzufriedenheit wiederum nährt die Selbstbezogenheit. Gleichzeitig werden die verdrängten Empfindungen zu einer unterbewussten Dauerbelastung für den Geist.

Umgekehrt ist es daher eine heilsame Übung, vor allem den störenden Gefühlsregungen für eine Weile meine Aufmerksamkeit zu schenken, sodass diese sich legen können und mich nicht länger bedrücken.

Um heilsam leben zu können, sollte ich versuchen, den Geist von jeglichen unterbewussten Belastungen zu reinigen, da mich diese ansonsten am Leben hindern. Jedes einzelne unangenehme Gefühl ist mit einem unheilvollen, weil ichsüchtigen oder eigensinnigen Gedanken verbunden. Indem ich mich im Stillschweigen übe, kommen die verdrängten Empfindungen erneut zum Vorschein. Sobald ich diesen Gefühlen eine Weile willentlich nachspüre, können diese abebben. Gleichzeitig verschwinden die schlechten Gedanken, die mich belastet haben. Sie kehren auch nicht wieder. Nach und nach verlieren die Gedanken ihre drückende Macht über meinen Geist.

Eben weil ich unangenehme Gefühle aber nur durch gleichmäßiges Atmen auflösen kann, muss Schweigen immer mit achtsamem Atmen einhergehen. Ich schweige, ich atme meditativ und ich spüre in den Körper hinein. Mit jedem einzelnen Atemzug fühle ich mich eine Spur zufriedener. Gleichzeitig löst sich ein Teil der eigenwilligen Gedanken in Wohlgefallen auf. Ich überwinde das selbstsüchtige Denken, das mich mehr als alles andere auf dem spirituellen Pfad der Achtsamkeit behindert.

Solange der Eigensinn meinen Geist fesselt, kann ich nicht heilsam leben. Wenn ich dagegen schweigend atme und mir Zeit für die Gefühle nehme, überwinde ich allmählich das unheilvolle Denken. Ich fühle mich zufriedener und werde offen dafür, achtsam zu sprechen und heilsam zu handeln. Und allein auf diese Weise vermag ich aufrichtig, das christliche Gebot der Nächstenliebe zu erfüllen.

3.3 Vom achtsamen Sprechen

Immer wieder verletze ich meine Mitmenschen durch unachtsames Gerede. Ich kann mir zwar vornehmen, mit meinen Worten stets vorsichtig zu sein. Trotzdem werde ich nicht verhindern können, anderen Menschen manchmal weh zu tun. Meist sind meine Worte gar nicht verletzend gemeint, werden aber dennoch so verstanden, weil ich schlicht und einfach spontan drauflosgesprochen habe. Auf alle Fälle zeitigen gedankenlose Worte eine unheilvolle Wirkung. Oftmals richten sie sogar größeren Schaden an als achtlose Taten.

Damit ich lerne, mit meinen Worten bedacht zu sein, muss ich mich in willentlichem Atmen und bewusstem Schweigen üben. Immer wenn ich merke, dass mich der innere Rededrang zum Sprechen verleiten will, sollte ich in dieses drängende Gefühl hineinspüren. Dieser Drang entspringt nämlich meiner Selbstbezogenheit. Diese will mich dazu verleiten, spontan zu reden. Ich muss also so lange schweigen und atmen, bis der Rededrang abebbt und sich mein Denken klärt.

Erst nachdem mein Geist wieder frei von allen eigenwilligen Gedanken ist, kann ich einige heilsame Worte sprechen.

Manchmal wird es mir aber misslingen, mich selbst zurückzunehmen. In der Hektik des Alltags geschieht es schnell, dass ich ein falsches, sprich unrechtes Wort daher sage. Sobald ich nun einen Mitmenschen verletze, wird dies in mir Schuldgefühle auslösen. Und hier sollte ich ansetzen. Ich muss mir in solchen Augenblicken Zeit für die quälende Schuld nehmen. Indem ich in diese unangenehmen Regungen hineinspüre, kann Gott mich davon befreien. Außerdem wird mich das innerlich verändern, sodass ich zukünftig mit meinen Worten vorsichtiger sein werde.

Mit der Zeit lerne ich, aus dem Gefühl innerer Ruhe zu sprechen. Ich wähle meine Worte mit Bedacht und mit der Absicht, Heilung zu bewirken. Heilsam sind die Worte dann, wenn sie versöhnlich wirken. Gleichzeitig lerne ich, achtsam zuzuhören. Das bedachte Hinhören muss nämlich dem Sprechen vorausgehen. Wie könnte ich für meine Mitmenschen passende Worte finden, wenn ich ihnen nicht zunächst meine Aufmerksamkeit schenke?

Eine gute Alltagsübung besteht deshalb darin, mich im Schweigen und Zuhören zu üben. Ich spreche absichtlich nicht, sondern atme meditativ und warte, bis mich jemand anspricht. Dann höre ich aufmerksam zu. Durch das Atmen ist mein Geist mit dem Hier und Jetzt verbunden. So können mich die Worte des anderen innerlich berühren. Scheint es mir geboten, spreche ich einen guten Gedanken aus. Oft genügt es schon, wenn ich meinem Gesprächspartner Verständnis bekunde, denn nach nichts anderem sehnen wir uns so sehr wie danach, von unseren Nächsten verstanden zu werden.

3.4 Vom achtsamen Handeln

Kaum weniger wichtig als versöhnliches Sprechen ist heilsames Tun. Keinesfalls darf ich mich mit gut gemeintem Gerede begnügen. Ich muss dem, was ich sage, Taten folgen lassen, eben weil es ansonsten ja nur leeres Geschwätz wäre. Ich bemühe mich deshalb, stets achtsam zu sein. Das bedeutet, durch mein Handeln Gutes zu bewirken. Dies ist sehr wichtig. Wir alle sehnen uns nicht nur danach, von unseren Mitmenschen verstanden zu werden. Genauso sehr bedürfen wir der heilsamen Werke.

Immer wieder verletzen wir einander. Es ist unser eigensinniges Wünschen und Wollen, das uns dazu bringt, uns gegenseitig weh zu tun. Dies geschieht meist unabsichtlich. Kaum jemand ist bösartig. Vielmehr ist ausnahmslos jeder Mensch von seinem innersten Wesenskern her gut, eben weil wir alle einen Funken göttlichen Geistes in uns tragen. Immer dann aber, wenn wir nicht in rechter Weise auf unsere Gefühle achten, nähren wir unsere Unzufriedenheit. Und je weniger zufrieden wir sind, umso rücksichtsloser verhalten wir uns. Dies führt leider dazu, dass wir uns ständig gegenseitig verletzen, auch wenn wir dies im Grunde unserer Herzen nicht wollen.

Der Unfrieden in der Welt hat seine Ursache in der rücksichtslosen Unachtsamkeit, die wieder eine Folge unseres Eigensinns ist, der sich aus unserer inneren Unzufriedenheit nährt. Gerade weil wir auf die eigenen Gefühle keine Rücksicht nehmen, ist unser Tun unüberlegt und gefühllos. Wir wollen selbstsüchtige Vorstellungen gegen äußere Widerstände durchsetzen. Wir verletzen uns gegenseitig und tragen Schmerz und Unheil in die Welt.

Als rücksichtslos ichbezogener Mensch bin ich mir meines tatsächlichen Handelns jedoch nicht bewusst. Da ich störende Empfindungen unterdrücke, ist meine Wahrnehmung getrübt. Mein Geist wird von selbstbezogenen Gedanken beherrscht. Ich lasse nur meine Sicht der Dinge gelten. Trotzdem betrachte ich mich, meinem innersten Wesen nach, als guten Menschen, weshalb ich in meinem Selbstbild mein Fehlverhalten völlig ausblende. Statt mich zu hinterfragen, suche ich die Schuld an allem immer bei den anderen. Letztlich schade ich mir selbst damit am meisten. Meine Mitmenschen werden sich von mir abwenden. Sie meiden mich und im äußersten Fall werden sie mich vielleicht sogar hassen.

Im Gegensatz dazu bemühe ich mich als spiritueller Mensch darum, meine ichbezogene Rücksichtslosigkeit mehr und mehr zu überwinden. Statt unachtsam möchte ich behutsam handeln. Indem ich alle Regungen anerkenne, fühle ich mich zufrieden. So schwindet der Drang, mich selbstsüchtig zu verhalten. Da ich mit meinem Leben versöhnt bin, möchte ich auch anderen friedliebend begegnen. Ja, es drängt mich nachgerade, zum Wohle aller zu handeln und Heilung zu bewirken.

Um achtsam leben zu können, darf ich mich nicht von meinen Gefühlen beherrschen lassen, eben weil sonst mein Tun Unheil zeitigt, egal wie hehr meine Ziele sein mögen. Die gute Absicht ist zu wenig. Nur mit Selbstbeherrschung und Besonnenheit kann ich gute Werke vollbringen.

Vernünftig zu sein bedeutet allerdings gerade eben nicht, allein auf den Verstand zu setzen und das Herz auszuschalten. Keinesfalls geht es hier darum, mich gegen meine Gefühle zu stellen, indem ich diese mit aller Willenskraft unterdrücke. Ja, im Grunde kann ich nur dann überlegt handeln, wenn ich auf meine inneren Regungen achte. Das ist aber etwas völlig anderes, als wenn ich mich von Empfindungen beherrschen lasse. Lerne ich nämlich bewusst auf mein Herz zu hören, so kann ich meinen Geist aus den Fesseln der ungestümen Gefühle befreien, was mich in die Lage versetzt, nicht aus Überschwang oder Starrsinn, sondern aus Vernunft und spiritueller Freiheit zu handeln.

Bevor ich besonnen sein kann, ist es notwendig, mich in meiner Umwelt umzuschauen. Dazu brauche ich jedoch nicht nur die Augen, sondern wiederum vor allem mein Herz. Sobald ich auf meine Gefühle achte, indem ich meditativ atme und in den Körper hineinspüre, wird mein Geist aus den Gedankenwelten befreit. Ich fange an, wach zu werden. Je zufriedener ich mich fühle, umso freier wird mein Geist. Mein Blick weitet sich. Ich nehme umfassend wahr, was um mich herum geschieht. Auch werde ich mir der tatsächlichen Wirkung meines Tuns bewusst.

Dieser ungetrübte Blick auf meine Mitmenschen und die Welt ist nötig, damit ich achtsam handeln kann. Nur mit den wachen Augen des Herzens sehe ich, wo jemand der Heilung bedarf und auf welche Art und Weise ich persönlich dieselbe bewirken kann. Ich selbst aber darf als Lohn für meine Bemühungen immer freier und glücklicher leben.

SCHLUSSGEDANKEN

Je länger ich mich in Achtsamkeit gegenüber mir und meinen Nächsten übe, umso mehr beruhigt sich mein Denken. Ich wache allmählich aus der eigensinnigen Gedankenwelt auf. Der Geist wird frei und das Herz wird weit. Irgendwann betrete ich dann zum ersten Mal den inneren Raum der Stille. Und wenn ich recht an Gott glaube, dann begegne ich ihm dort. Ich werde mir seiner lieben Gegenwart und seines heilsamen Wirkens spürbar gewahr.

Von diesem Augenblick an, in dem ich Gott zum ersten Mal gefunden habe, werde ich immer wieder danach streben, in die Ruhekammer des Herzens einzutreten. Ich möchte allezeit bei ihm sein. Ja, ich möchte vollkommen aus der geistigen Gemeinschaft mit ihm leben und seinem Willen dienen.

Am Anfang gelingt es mir noch selten, in das Innere meines Herzens einzutreten. Je mehr mir der spirituelle Pfad der achtsamen Selbst- und Nächstenliebe jedoch zu meinem Lebensweg wird, umso öfter erfahre ich das Gefühl der Gelassenheit. Ich verbringe immer mehr Zeit mit

Gott, meinem mich liebendem Vater und mit Jesus Christus, meinem Freund und Bruder. Durch den Heiligen Geist weile ich irgendwann dauerhaft in der Geborgenheit des guten Gottes. Mein ganzes Leben ist erfüllt von meiner innigen Liebesbeziehung mit dem dreieinigen Gott.

LITERATUR

Für meine Betrachtung der biblischen Text-
stellen habe ich folgende Ausgabe der Heiligen
Schrift herangezogen:

Einheitsübersetzung der Heiligen Schrift, Freiburg
im Breisgau: Herder Verlag, 2016.

GEORG BAUER

Der Name Georg Bauer ist mein Pseudonym als Autor. Dennoch möchte ich Dich, liebe Leserin, lieber Leser, nicht gänzlich im Unklaren über meine Person lassen.

Geboren wurde ich 1973 in Regensburg. Aufgewachsen bin ich in der südlichen Oberpfalz. Nach meinem Studium an der Universität Regensburg arbeite ich heute als Lehrer in Mittelfranken.

In meinen Büchern schreibe ich teilweise sehr persönlich über meine Erfahrungen. Dabei ist es mir wichtig, ganz bewusst auch tiefe Einblicke in meine Gedankenwelt zu gewähren. Diese große Nähe verträgt sich jedoch schlecht mit meiner Stellung als Lehrer. Aus diesem Grund möchte ich als Autor bis auf Weiteres erst einmal anonym bleiben.

Wenn Du mehr über mich, mein Denken und weitere geplante Veröffentlichungen erfahren möchtest, empfehle ich Dir, meine Informationsseite im Internet zu besuchen.

www.georgbauer.info

Georg Bauer

DIE EINSIEDELEI DES HERZENS

tredition

Georg Bauer

DIE EINSIEDELEI DES HERZENS

Wir Menschen sind soziale Wesen. Es gehört zu unserer Natur, miteinander zusammenzuleben. In unseren Anfängen haben wir als Jäger und Sammler die Wälder und Steppen durchstreift. Damals hätte niemand für sich allein bestehen können. Nur der Zusammenhalt in der Horde sicherte das Überleben. Heute, in unserer modernen Welt, wohnen wir zwar nicht mehr in Großgruppen zusammen, aber dennoch bleiben wir eingebunden in Partnerschaften, Familien und Freundschaften. Wir üben spezialisierte Berufe aus, ohne die unsere vielschichtige Gesellschaft undenkbar wäre. Wir waren und sind also schon immer aufeinander angewiesen.

Auf den ersten Blick scheint der Eremit dazu in einem krassen Gegensatz zu stehen. Es widerspricht unserem Bedürfnis nach Gemeinschaft, wenn sich einer absondert. Warum macht das jemand? Welchem Zweck dient das? Was treibt denjenigen an? Ist dieser Mensch unfähig, mit anderen auszukommen? Handelt es sich um einen weltfremden Spinner oder um einen streitsüchtigen Eigenbrötler?

Tatsächlich sind all unsere zwischenmenschlichen Beziehungen seit jeher von Streit geprägt. Es ist romantisch, ja naiv zu glauben, dies sei zu irgendeinem Zeitpunkt einmal anders gewesen. Es gab keinen Urzustand, in dem wir friedlich miteinander ausgekommen wären.

Ganz im Gegenteil: Die Unzufriedenheit und die Streitsucht scheinen geradezu feste Bestandteile unserer menschlichen Natur zu sein. Es liegt somit nahe, in einem Klausner so jemanden zu sehen, dem es schwerfällt, sich einzufügen. Oder ist es unter Umständen genau andersherum? Sucht er etwa ausgerechnet im Alleinsein den Frieden, der innerhalb der Gemeinschaft nicht zu finden ist?